LUZ ENTRE NOSOTROS

Historias de una fe viva

LECCIONES DE
VIDA
antologías

LUZ ENTRE NOSOTROS

Historias de una fe viva

Una antología de Hola Publishing Internacional

ola
PUBLISHING
INTERNACIONAL

Hola Publishing Internacional
Eugenio Sue 79, int. 4, Col. Polanco
Miguel Hidalgo, C.P. 11550
Ciudad de México, México

Primera edición, octubre 2025
ISBN: 978-1-63765-852-9

Hola Publishing Internacional es una editorial híbrida comprometida a ayudar a autores de todo tipo a alcanzar sus metas de publicación, ofreciendo una amplia variedad de servicios. No publicamos contenido que sea política, religiosa o socialmente irrespetuoso, ni material sexualmente explícito. Si estás interesado en publicar un libro, visita www.holapublishing.com para más detalles.

PRÓLOGO

Dios es el mundo.
La verdad siempre es un contacto interior e inexplicable.
Mi vida más verdadera es irreconocible,
extremadamente interior
y no tiene una sola palabra que pueda significarla.

—Clarice Lispector, *La hora de la estrella*

Sin importar de dónde venimos o qué nombres damos a lo divino, nos une la búsqueda de un balance entre nuestra vida terrenal y nuestra vida espiritual. Buscamos una vida fuera de lo probable y de lo invisible, existimos en lo que tocamos, en lo que hacemos, en lo que damos y recibimos, en lo que nos pasa y en lo que hacemos pasar; pero somos en lo que amamos y en lo que imaginamos, en lo que anhelamos, en la manera en que conectamos con lo que no podemos ver. Esa es la gran dicha de vivir, que alrededor nuestro hay más que lo obvio: nuestras palabras son un hechizo, nuestros rituales son una convocatoria, y el espacio entre las manecillas del reloj es en donde se nos pasa la vida, pues soñamos, dialogamos con y sentimos lo incuantificable. He aquí el espacio en el que un dios es necesario.

A pesar de que los objetivos de la fe se hayan torcido con el paso del tiempo y la erosión de las ambiciones humanas que buscan cargar en el acto de creer el deseo de poseer y controlar, la fe permanece impoluta. Creer no es una acción para, es un sentido en sí mismo que se completa en la creencia, en el salto de la posibilidad a la certeza que no gana más que la dicha del salto mismo.

En esta antología se retratan caminos que desembocan cada cual en algo nuevo, en una experiencia personal de lo divino tanto dentro como fuera de nosotros. Los relatos de estos autores no buscan prescribir en qué creer sino retratar la esperanza de que creer es posible y hermoso, complicado y sencillo como la vida misma. A pesar de la diversidad entre los caminos de estos autores, sus experiencias nos llevan a una misma pregunta: ¿Es la luz misma la que nos atrae hacia ella, o es la oscuridad la que nos empuja hacia la luz? Y esta no es una pregunta central solamente para este libro sino para la humanidad: ¿Por qué creer cuando es tan fácil no creer?

María Eugenio Camacho Rivero, Lulú Corral, Araceli Olmos, Rogelio A. Pérez, Brayan Ruiz Millán y Carmen Suárez responden a estas preguntas con una historia, con su historia. Sus respuestas son complejas en su simpleza, pues dicen, "creo porque vivo y estoy vivo porque creo"; a veces, la fe necesita solamente esa certeza.

Esta antología no es solamente para quien ya ha encontrado su lugar en la espiritualidad o para quien lo busca, es para los que nos preguntamos de qué hablamos cuando hablamos de fe, de religión, de Dios, y queremos conocer a las personas detrás de lo divino. En este sentido, esta antología es para todos, pues puede ser tanto una pregunta como una respuesta, una investigación tanto como una compañía.

Las experiencias de María Eugenia y Araceli enternecen, las historias de Rogelio y Brayan trazan dos de los muchos caminos espirituales posibles, los ánimos de Lulú nos iluminan, y la sabiduría de Carmen nos empuja a investigar y a sentir. Pero el agradecimiento que sentimos por sus palabras no yace solamente en esto sino en su valentía, en su crudeza, pues la fe requiere que se desnude el alma para iluminar al prójimo.

Déjate iluminar por esta antología que recoge las vivencias reales en el camino de la espiritualidad y la fe de seis autores con una sensibilidad especial en el campo de uno de nuestros aspectos más humanos: la posibilidad de ver lo invisible y creer en lo que parece imposible. Gracias, autores, por recordarnos que creer siempre está en nuestras manos.

Camila del Águila,
Editora en Jefe
Hola Publishing Internacional

ÍNDICE

Nuestros autores

"La herida profunda que traía en el alma por tanto sufrimiento fue sanada de raíz por los cuatro benditos arcángeles, quienes son la manifestación más pura y bendita de Dios Padre".

La luz después del profundo dolor

María Eugenia Camacho Rivero

En el momento más doloroso y triste que he pasado en mi vida hasta ahora, recuerdo que me aferré a esa fe amorosa e inmensa que tenía mi madre en Dios. Procedía de una familia católica y era una mujer espiritual, noble, bondadosa, caritativa, amorosa, protectora de su familia y de todo aquel que recurría a ella; siempre estaba dispuesta a servir al prójimo, no importaba quién fuese.

Lo digo con toda honestidad: yo conocí a Dios a través de mi madre.

Fuimos doce hijos en la familia, pero la cuarta niña falleció de bebé, así que crecimos solamente once. La vida de mi madre no fue fácil, fue huérfana de madre desde pequeña y la separaron de sus tres hermanos. Creció con su abuela materna, recibió mucho amor de parte de ella y sus tíos, pero le faltó su madre. Hubo carencias, tristezas, decepciones en su etapa de juventud, e incluso así nunca la escuché quejarse ni la vi desmoronarse. Confiaba en Dios, promovía el amor y el respeto, nos pedía que no habláramos con groserías, que nos lleváramos bien como hermanos, que nos ayudáramos, que estuviéramos unidos; jamás nos habló mal de nuestro padre por las diferencias que como pareja tenían, ni lo comentaba con vecinas o familiares; hacía sus oraciones diario, cuidó de sus nietos, ayudaba a las vecinas mayores, y cuando todos sus hijos se convirtieron en adultos, ingresó a un grupo de oración para los enfermos. Fue muy querida por mucha gente.

Cuando murió dejó en mí un dolor fuerte, sufrí una pérdida irreparable. Me sentía huérfana, triste por la imposibilidad de volverla a ver, desolada, pues sin ella todos quedábamos desprotegidos porque ella era la que nos alentaba a estar unidos, a cuidarnos, a confiar en Dios ante cualquier situación.

Años antes de su muerte inició para mí un tormento de pérdidas con la muerte de mi padre, a quien nunca pude comprender por los prejuicios que erróneamente aprendí de niña, pues no tenía consciencia de lo que ocurría espiritualmente en el entorno familiar. Sentía coraje, lo señalaba, y después me caía la culpa. Y a su muerte la culpa se intensificó, culpa de no haber acercándome a él cuando vivía. A su muerte experimenté depresión sin saberlo, y la logré superar gracias a la fe que mi madre me enseñaba.

La siguiente pérdida fue la ruptura de mi matrimonio de veintiún años, con dos hijas que estaban saliendo de la adolescencia. Me sentía fracasada, humillada, destrozada, llena de culpas, y mi ego estaba lastimado. Fue una etapa muy triste y depresiva en la que ya no le veía sentido a vivir.

Aún no me reponía del duelo del divorcio cuando muere mi madre. No podía creer que en plenos rosarios que hacíamos para mi madre, me pidieran el divorcio. Mi sufrimiento se hizo mayor porque me preguntaba si merecía esto, si en realidad había sido lo suficientemente mala como para merecerlo.

¿Por qué no esperar a otro momento? Fue difícil salir de esa etapa.

Mi orgullo era tan grande que no quise decirle nada a mi familia, sentía que era algo solo mío y nadie debía enterarse porque yo era tan culpable como mi exesposo de la fractura y no quería que odiaran al padre de mis hijos. Tuve tres, dos niñas que crecieron, y un bebé que no nació. A pesar del divorcio, mi exesposo significó mucho en mi vida y su partida me sumergió en una depresión fuerte. Fue hasta que una amiga cercana se dio cuenta de que algo andaba mal, porque por días no respondí sus llamadas, que se comunicó conmigo para asegurarse de que estaba bien. "Estoy muy bien", le respondí, pero ella no me creía del todo y me echó en cara que no quería quedarse con la culpa de no haberme ayudado si yo me suicidaba. Yo negaba todo entre risas, pero ella no dejó de insistir que fuera al médico naturista. Ahí me dieron un tratamiento para la depresión.

Yo estaba negada a todo eso, no creía, no quería nada. ¿Era miedo?, ¿ignorancia? No lo supe en ese momento, pero la verdad es que me encontraba muy mal. Dejé de prestar atención a muchas cosas de mi vida personal, a mis hijas, a mi casa; mi atención estaba puramente en mi trabajo porque era para mí lo primordial, mi fuente de ingresos.

Pero me comprometí algunos meses a tomarme el tratamiento naturista y tuve una conversación con mi hija menor, Jenni, que me hizo reflexionar, me dio ánimos, aliento para continuar con la vida. Lo que no sabía es que la vida me estaba preparando para aguantar otras pérdidas que no esperaba: los duelos no iban a parar.

Grande fue mi sufrimiento. No entendía con claridad los designios de Dios, pero algo dentro de mí los aceptaba. Hoy sé que era mi alma, que la luz de Dios me dio la fuerza que necesité al ver morir a mi adorada hija Jenni y a la bebé que llevaba en su vientre. Viví horas de dolor que deseaba con toda el alma fueran una pesadilla de la cual esperaba despertar en cualquier momento. Cuando despertara abrazaría a esa niña que había sido para mí un todo, que me hacía reír, reflexionar, y conversaba tanto conmigo. Pero no desperté.

Ella siempre estuvo atenta de mí, me celaba mucho, era cariñosa; siempre estaba rodeada de amistades apreciadas que invitaba a la casa, le encantaba asistir a reuniones y fiestas con ellos, por eso me los presentaba, para que la dejara salir. Tenía un carisma que la hacía única, a tal grado que sabía en qué momento podía dialogar conmigo si estaba yo molesta con ella por algún desacuerdo que hubiésemos tenido.

La realidad era dura, triste, y me llenaba de impotencia, enojo, desesperación. No sabía qué hacer, cómo decirle a mi hija Sahi, la mayor, a la familia, a las amistades más cercanas lo que acababa de ocurrir. Con qué palabras consolar a su padre, que estaba desgarrándose de dolor. Cómo consolar a ese joven que iba a ser padre y amaba a mi hija. Cuando se fueron enterando el tiempo se alargó, y yo no quería hablar del tema con nadie porque no existía ninguna palabra que en ese momento me diera consuelo; mi sufrimiento era tanto que lo único que deseaba era estar sola. Recuerdo que le pedí a Dios que me diera fuerzas para seguir adelante sin ella; le dije que aceptaba su voluntad y le daba gracias por la hermosa joya que me había prestado un tiempo. Unos días antes de su muerte recibí un correo de parte de una amistad. Decía que Dios nos presta joyas valiosas de su reino y algún día él manda recogerlas, y esas joyas son nuestros seres queridos.

A pesar del dolor, el tiempo transcurrió. Llevar esa pena en el alma era como llevar una herida abierta que aunque me cubría con ropa no desaparecía nunca. Me decía a mí misma que todo iba a estar bien y le daba gracias a Dios por haberme dado la bendición de saber dónde había enterrado a mi hija, pues sé que algunos padres no saben dónde descansan los hijos que han desaparecido. La veía en todas partes a donde iba, en los cuerpos de otras jóvenes. En ésta etapa me di cuenta de la gente que verdaderamente me estimaba y, sin decir nada, estaba conmigo, pero también me di cuenta de que había otros tantos que por cobardía se alejaban, pensando tal vez que no era yo lo suficientemente madura para entender este proceso y me volvería una carga emocional, o quizás no sabían qué hacer, no lo sé exactamente. Lo que sí sé con seguridad es que la mano de Dios estuvo presente en todo momento y me dio el consuelo que necesitaba para continuar la vida sin ella.

Al año de su partida tuve otra pérdida muy dolorosa, ahora fue mi hermano, Fer, el más pequeño de los hombres. ¡Uf!, él era para mí súper especial: noble, alegre, responsable, tenaz en lo que hacía, era como un hijo para mí, de toda mi confianza. Él cuidó de mi hija, la mayor, cuando era niña, y teníamos una gran conexión que nos unía. No podía entender por qué morían los seres que amaba tanto. Y no es que no ame a los demás integrantes de mi familia, sino que era con los que tenía mayor similitud los que morían. Miles de pensamientos venían a mi cabeza, creía que me iba a quedar sola. Fer era otra joya que Dios recogía.

La noche que murió mi hermano Fer, tuve un sueño. Era esa conexión con él y llegó con la sensación más extraña e insólita. Vi cómo su cuerpo se desprendía de la vida y experimenté la sensación en carne propia. Desperté con sensaciones muy extrañas y en una posición que no era para nada la forma en que acostumbro a dormir. No sabía por qué sentía todo eso, era como si mi cabeza hubiera recibido descargas de energía, como si mis venas hubieran sido tocadas por fuego. Me sentía mal físicamente, y pronto recibí la triste noticia de su muerte.

No se iba solo mi hermano sino mi amigo, mi confidente. Pero a pesar del dolor sentí alivio porque mi hermano ya no iba a sufrir de los dolores de la enfermedad que lo asechaba; estaría cerca de mi papá, mi mamá y mi hija, que lo quería mucho. En vida fueron muy unidos, él siempre consideró a mis hijas como suyas.

En un abrir y cerrar de ojos pasé de ser una mujer negada a lo espiritual a abrirme, a querer descubrir la magia de la luz espiritual. Cuando Jenni murió experimenté una luz inexplicable que se hizo presente. A los pocos meses de su fallecimiento tuve un primer accidente automovilístico grave, fueron dos choques en un lapso de entre dos y tres minutos. Antes de ser golpeada en el segundo accidente, claramente vi en ese auto a dos jóvenes altos, delgados, con rostros como de porcelana, facciones muy afiladas, ojos y cabello claros, pelo largo, a la altura del hombro, uno ligeramente rizado. Tenían las miradas puestas en mí, pero no había ninguna expresión en sus rostros. Quedé impactada, observándolos por segundos enteros, pues eran realmente distintos a cualquier hombre que hubiera conocido. Cuando reaccioné, ese auto con esos jóvenes venía hacia donde yo estaba pidiendo ayuda. Corrí, y enseguida ese auto golpeó mi auto, que se encontraba a la orilla de la avenida. La colisión fue tan fuerte que me aventó al muro de contención y dejé de sentir mí cuerpo.

Caí como muñeca de trapo, dejé de oír y de percibir. Me dije, "Estoy muerta, y no pude despedirme de Sahi".

No supe cuánto tiempo había pasado, pero empecé a sentir agua corriendo por mi rostro. "Estoy viva", pensé. Abrí los ojos, me levanté, y me di cuenta que lo que pensaba que era agua era sangre. El miedo se apoderó de mí y grité. Llegaron a auxiliarme y fue solo entonces cuando mi entorno volvió a mí: coches, una ambulancia, gente hablando. Me llevaron al hospital.

Al siguiente día, en el ministerio público, descubrí que aquellos jóvenes de rostros tan hermosos y perfectos no eran los que viajaban en ese auto. ¿Cómo pasó todo eso? Solo tenía claro que Dios me siguió permitiendo estar viva, pero existía una razón y yo quería saberla. ¿A qué vine a éste mundo? ¿Por qué me tocaron tantas muertes de seres amados? ¿Cómo es que me reponía de tanto dolor?

De la forma más insospechada conocí a los que serían mis guías espirituales, aunque en ese entonces no lo sabía. Mis guías son una totalidad de Dios Padre, y Dios los facultó con dones espirituales para sanar a las almas que han sido lastimadas. Viven en sus cuerpos cuatro divinidades perfectas de Dios, y aman a la humanidad sin importar sus errores, pues creen que el arrepentimiento absoluto es posible.

Tuve un proceso maravilloso en Casa de Luz Arcángeles que inició en el momento en que conocí a mis guías. Inmediatamente me dieron a conocer mi misión de vida, lo que estaba destinado a pasarme para llegar a comprender con claridad el mundo espiritual de Dios y conocer el nombre de mi ser de luz punta de lanza, Viento Veloz la Séptima Luna. Este ser dirige nuestro linaje espiritual para cumplir la misión que Dios nos dio al momento de crear nuestra alma, espíritu bendito que me ha dado tanto.

He sentido su presencia de muchas formas. Tuve el privilegio de conocerlo en un sueño maravilloso, y en otra ocasión escuché su voz, que fue un canto hermoso que penetró todo mi ser. Con sólo pensar en él se ilumina mi rostro, pues me ha enseñado a sobrellevar mis pérdidas; cuando conoces el nombre de tu ángel guardián, tu vida cambia completamente.

La herida profunda que traía en el alma por tanto sufrimiento fue sanada de raíz por los cuatro benditos arcángeles, quienes son la manifestación más pura y bendita de Dios Padre. Agradezco infinitamente a la luz por las bendiciones recibidas, por ese bálsamo de amor y sanación que derramaron en esa herida que yo pensaba que nadie ni nada podría sanar. Yo hubiese puesto la mano al fuego por que viviría con ese dolor el resto de mi vida, sin embargo no fue así y hoy les puedo asegurar, lo puedo escribir y sellar con mi propia sangre si fuera necesario, que los arcángeles existen, traen misiones de vida para la humanidad, y me salvaron, sanaron mis heridas, me han guiado con su sabiduría infinita para mejorar mi vida y ayudar a las personas a valorar su tiempo de vida, familia, talentos y experiencias. Me dieron la oportunidad de hablar con mi seres queridos, que ahora están en el mundo de Dios, y de darles luz cada año en una obra bendita que se realiza el día de muertos. Aquí conocí esa obra tan maravillosa para todas las almas que dejan esta vida material.

Lamentablemente, pecamos de ingenuos pensando que al morir todos vamos al cielo, sin comprender que nuestras acciones nos alcanzan tarde o temprano. En algunos casos quizás el amor nos ciega y creemos que nuestros seres queridos son perfectos, pero no es así, tienen debilidades, todos las tenemos porque somos humanos, la perfección solo está en Dios y en su mundo espiritual.

Cada ser querido que muere necesita ser elevado en luz por medio de esa obra bendita para eliminar de su alma las cargas que se generaron por sus debilidades humanas, consciente o inconscientemente. También se le da luz a todos los niños que, como mi bebé, no nacieron. Sea por la razón que sea, la luz llega a esa alma que tenía una misión de Dios; como madres tenemos esa conexión espiritual con ellos eternamente, y es sumamente necesario cortar con esa energía de tristeza.

He tenido la fortuna de escuchar las palabras de los arcángeles y les aseguro que la manera que tienen para dirigirse a uno es respetuosa, cordial y amorosa; hacen que hasta la persona más dura se abra a una lluvia de emociones y sensaciones, las más hermosas que se pueden experimentar en esta vida. Quien está con la espada desenvainada es desarmado con palabras tan sutiles, directas y perfectas que comprenden sus propios errores. Los arcángeles jamás te juzgan, ellos confían en ti a pesar de las imperfecciones. Son majestuosos, sabios, y tu alma se llena de alegría cuando vibras en su maravillosa presencia: son la pureza del reino celestial.

Dos divinidades perfectas fueron los encargados de que esta humilde misionera viviera para formar parte del grupo de guerreros aquí en la tierra de San Miguel Arcángel, al lado de su Totalidad: ellos son los rostros perfectos que vi el día del accidente.

Para tener esa bendita envestidura he sido guiada materialmente por la Totalidad y espiritualmente por muchos seres de luz, entre ellos el bendito misionero San Judas Tadeo, quien me ha aconsejado, me ha hecho comprender mis errores, me ha acompañado para iluminar mi misión con su sabiduría y fortaleza, y sin duda sus palabras han sido tan profundas que retumban en mi pensamiento y tocan mis sentidos y emociones, haciéndome sentir que mi autoestima se eleva y crece mi sentido de responsabilidad con la luz de Dios continuamente.

He sido testigo de muchas sanaciones de alma que se realizan en mi Casa de Luz Arcángeles, he escuchado historias desgarradoras de espíritus que se han rescatado de la oscuridad y en verdad agradezco a Dios, porque lo que yo pase no es nada en comparación con lo que les tocó experimentar a otros, ahora seres de luz. Puedo asegurarte que tienes la capacidad de vivir tranquilamente, sin estar en una relación tóxica, sin depender de personas que dañan tu autoestima o te fuerzan a mendigar amor: tu felicidad es responsabilidad tuya.

La misión de vida que Dios nos da como padres es cuidar, velar por el bienestar de los niños, vigilar que nadie los lastime ni abuse de ellos, no importa que no sean nuestros hijos. En Casa de Luz Arcángeles tienes un hogar donde puedes sanar cualquier herida que la vida te haya dejado.

Dios nos ayuda a encontrarnos.

"Fue en ese momento de oscuridad que decidí llegar a un acuerdo con Dios: me comprometí a ser un instrumento divino a cambio de su ayuda..."

DE LA OSCURIDAD
A LA LUZ

Lulú Corral

Nos gusta hablar de fe, de esperanza, de luz, ¿pero cómo es que llegamos a vivir en ese estado de gracia? Quizá de verdad tenemos que vivir lo más oscuro y aterrador para poder reconocer esa luz; quizás de no ser así seguiríamos viviendo en un estado superficial donde todo lo que cuenta es lo que tenemos y cómo nos vemos, y no nos es necesario reconocer la parte espiritual de nuestras vidas. Sin embargo, cuando nos animamos a verla, todo cambia de manera extraordinaria.

Recuerdo que de niña, en una Navidad en casa de mi tía, vi entrar a Jesús y a la Madre María. Era muy pequeña y estaba en los brazos de mi papá, y cuando los vi simplemente sonreí: no dije nada porque creí que era normal. Hay cosas que vives de niña que crees que son normales hasta que se vuelven "paranormales" ya que asusta vivirlas, y más si es a temprana edad.

Comencé a ver cosas que los demás no veían, como personas que ya habían fallecido, energías, etc., y creo que por eso mis papás siempre buscaron colegios de monjas para mí, creyendo que con eso cambiarían mi situación, pero no fue así. Las monjas me ayudaron mucho en mi vida cotidiana y en mi percepción del mundo familiar y social, ya que sus recomendaciones o consejos iban sobre cómo conseguir un buen matrimonio y construir una vida familiar estable. Fue complejo vivir con una percepción más amplia: muñecas que se movían solas, niños extraños que llegaban en la noche a mi recamara, una entidad que no dejaba de perseguirme, etc. Mucho después me enteré de que esta entidad es real y es conocida por muchos niños, ya que le gusta robar su energía y, curiosamente, en una película que se llama *Poltergeist* muestran a este ser: un hombre mayor vestido de negro, con sombrero. Así fue mi niñez, durante la cual normalicé las situaciones que vivía, tratando de seguir adelante en un mundo que juzga y señala en vez de entender y comprender.

Conforme fui creciendo traté de evitar estos temas, creyendo que con eso cambiaría mi vida y dejaría de tener esas visiones, pero mi percepción y mi sensibilidad seguían creciendo, así como la sensación de soledad y de incomprensión. En ese entonces lo único que quería era pertenecer, encajar en un mundo que era distinto a mí.

Sé que mis papás hacían lo que podían, o lo que ellos creían que era correcto. Me dejaron ser y tomar mis propias decisiones, fueran buenas o malas en su momento. Siempre sentí que no encajaba en la familia, que éramos totalmente diferentes. A veces me ponía en la ventana de mi recamara a mirar al cielo y preguntarme, ¿y cuándo vienen por mí? Pero bueno, son cosas por las que se tiene que pasar, creo. O por lo menos así me toco a mí.

Mi mamá, muy acertadamente, me mandó a infinidad de cursos de música, dibujo, baile folclórico, manualidades, etc., y a los trece años comencé en una academia de belleza. De ahí en adelante fue un poco diferente, seguí con mis estudios, entré a estudiar turismo porque quería conocer el mundo, pero las cosas siempre toman otro rumbo. Cada vez que tomaba una decisión importante, enfermaba. Siempre fui enfermiza y débil físicamente, así que no era de extrañarse.

La vida me parecía difícil, o más bien no me gustaba lo que estaba viviendo y no sabía cómo cambiarla, así que me la compliqué más. Me casé muy joven, me embaracé y tuve a mi hijo a los dieciocho. En mi percepción de la vida creí estar haciendo lo correcto, pues quería formar una familia y creí que mi pareja de ese entonces era el hombre correcto; me hacía sentir segura y protegida, algo que necesitaba en ese momento.

Las cosas iban bien, pero pronto todo cambió. El hombre atento y protector se convirtió en una persona totalmente desconocida para mí. Ya no le importó nada, ni sus hijos ni nada. Comenzó a llevar una vida de excesos y de infidelidades en la cual perdió todo nuestro patrimonio y nos quedamos prácticamente sin nada. Yo estaba devastada, con dos hijos y sin un peso; lo que había planeado para mi vida y la de mis hijos se había acabado y no sabía qué rumbo tomar, ya que él amenazaba con hacerme daño si lo dejaba. Así que un día por la noche voltee al cielo y le dije a

Dios, o vienes y me abrazas y me consuelas, o me solucionas el problema. ¿Y qué creen que pasó?

Sentí que unas alas enormes me abrazaban, me fui de lado y me quedé dormida.

Y claro que sí, me ayudó a resolver mi gran problema: de repente mi pareja quiso darme el divorcio, fue fácil y rápido, aunque después de un tiempo me confesó no haber sabido por qué firmó, pues no era algo que él quería hacer. Yo tampoco supe cómo, pero le agradecía enormemente por haberme dado la libertad.

La vida es complicada porque no entendemos sus procesos. Procesos que te llevan hasta lo más profundo del dolor, del miedo, de la inseguridad, y a veces te quiebran en pedacitos para que te reconstruyas y a partir de ahí te reconozcas con todos tus dones y virtudes, con tu potencial y tu luz divina. Todos tenemos una luz divina natural.

Fue en ese momento de oscuridad que decidí llegar a un acuerdo con Dios: me comprometí a ser un instrumento divino a cambio de su ayuda en el proceso, pues todavía tenía la responsabilidad de sacar adelante a dos hijos que necesitaban de mí al cien por ciento.

Y así comenzó la travesía.

Todo comenzó con un sueño. Estaba en un túnel vehicular, atorada en el tráfico con mis dos hijos pequeños. El túnel se inundaba, así que saqué a mis hijos del auto y corrí. Recuerdo que se los di a su papá y le pedí que corriera porque yo ya no podía con ellos, pero a un lado había un camión de pasajeros, y un hombre se asomó por la ventana y me dijo, "Ven, toma mi mano. Yo te ayudo". Me acerqué: ese hombre era magnético, extremadamente bello, y por un momento creí que era Jesús de Nazaret, aunque al tenerlo de cerca me di cuenta que no lo era. "Toma mi mano, yo te ayudo", repitió, pero yo no acepté su ayuda, pues sabía que si lo hacía no volvería a ver a mis hijos. Entonces desperté.

Al día siguiente llegó mi hija de la escuela con un regalo para mí. Era un libro cuya portada mostraba a un hombre. ¡Era el hombre de mi sueño! Era el Maestro Ascendido Saint Germain. Lo primero que pasó por mi mente es que había cometido un error al no aceptar su ayuda, así que le pedí que por favor regresara, que esta vez aceptaría irme con él. Y efectivamente, esa noche tuve el mismo sueño. Esta vez le di la mano y comenzó mi preparación espiritual. En los templos arcangélicos, tomando clases con los maestros ascendidos, fue que comencé a entender el proceso de la vida

Cuando tu vida va mal es porque estás tomando un rumbo distinto al que pactaste para reencarnar. Te das cuenta de que estás en el camino incorrecto cuando empiezas a preguntarte constantemente qué estás haciendo mal incluso cuando sabes que tomaste una decisión correcta. Pero de repente las cosas cambian y resulta que no son lo que esperabas, pues la misma vida o tus guías te van llevando por el camino correcto; eso es lo difícil, ver el camino correcto. Solo con el tiempo y el resultado te haces consciente y aceptas el pacto divino que hiciste con Dios.

En los templos arcangélicos te enseñan a conocerte interiormente primero, y después a reconciliarte contigo misma. De esa manera recuperas el amor propio. Se escucha fácil, pero es difícil de verdad, pues hay un proceso de transformación en el que te das cuenta, o por lo menos yo me di cuenta, que sacrificaste tu amor propio por creer que estabas haciendo lo correcto, no para ti sino para los demás. Te das cuenta que has estado llevando una vida basada en las expectativas de los otros, no las tuyas, y darte cuenta de que lo que creías correcto no lo es, es impactante. Por lo menos así fue para mí.

Pero bueno, la vida es continuo movimiento y cambio, y en este proceso de transformación los ángeles y los maestros ascendidos me han acompañado hasta el día de hoy.

Cuando decides trabajar con la luz, la vida se transforma extraordinariamente; se vive en un estado de plenitud, se siente el amor incondicional de Dios Padre y de toda la creación. Conforme vas creciendo en tu nivel de consciencia van llegando cosas y personas a tu vida que te nutren y te alientan a seguir en tu camino. Es entonces cuando tienes la certeza de estar haciendo lo correcto: sabes que valió la pena el proceso. Tu mente cambia, tus acciones cambian, tu carácter cambia, pero para bien. Aprendes a enfocarte y a poner la atención donde quieres, y eso significa logros y logros en muchos ámbitos, ya sean proyectos profesionales, familiares, económicos, etc.

A veces se siente como tener una varita mágica. Tú piensas, quiero una camioneta, y de repente la ves, y dices, precisamente esa es la quiero, y todo se acomoda para que la compres: te llega el dinero, el crédito es accesible, recibes regalos por comprarla. Por ejemplo, un día le dije a Dios que quería un terreno para sembrar mi huerto personal, y justo a los tres días llega una amiga a contarme que le ofrecieron vender terrenos en Chapala, unos terrenos muy lindos con un lago natural en forma de corazón. Claro que le dije que quería verlos: ya iba preparadísima para comprar uno. Estaban dentro del country club de Chapala y me lo vendieron barato y a crédito, con una módica mensualidad.

Es entonces cuando entiendes que la llamada obliga a la respuesta; cada vez que necesitas algo lo tienes que pedir e inmediatamente los ángeles comienzan a trabajar para ti y te abren los caminos para que todo suceda en tiempo y forma, en el aquí y en el ahora, en este momento de espacio y de tiempo. Así de maravillosa es la energía de los ángeles. Y no es que sea todo de color de rosa, porque luego romantizamos la espiritualidad y la verdad es que esta requiere que atravieses muchos procesos humanos dolorosos, la diferencia es que con la espiritualidad de tu lado puedes discernir y resolver al comprender de procesos personales propios y ajenos.

Lo segundo que te enseñan en los templos arcangélicos es a trabajar con las leyes universales y con los ángeles, ya que ellos fueron diseñados para acompañarnos y guiarnos en el camino terrenal y espiritual: nunca estamos solos en realidad, cuando tomamos un cuerpo y venimos a la tierra, viene junto a nosotros un gran ejército de ángeles, cada uno con una misión específica para ti. Ellos son los que te van guiando para que cumplas el pacto divino que hiciste con Dios para encarnar. Cuando somos conscientes de su presencia podemos pedir que nos ayuden en todos los ámbitos, y de esa manera conseguir de forma amorosa y armónica lo que necesitamos Los ángeles te dan lo que necesitas siempre y cuando esté nivelado o tu nivel de consciencia se lo haya ganado.

Lo tercero que te enseñan en los templos arcangélicos es a sanar, a sanarte a ti mismo y a los demás, con técnicas de sonido, color, decretos, cuarzos, etc., y lo más importante es que entiendas que tu cuerpo es un canal de energía divina natural. Conocer nuestra procedencia divina es lo más importante, ya que de ello depende nuestro crecimiento espiritual y de consciencia en todos los niveles del ser. Esto es lo que hace la diferencia en este plano terrenal, ya que puedes expandir esa energía divina de amor incondicional para ti, para los tuyos, y para todas las personas que te rodean.

La cuarta enseñanza en los templos arcangélicos es que siempre debes pedir asistencia, que eres parte de un todo, y que todos trabajamos juntos, ya sea en la vida cotidiana, en un problema o en una sanación, ya que cada quien tiene un propósito y no podemos invalidar el propósito de los demás: no somos todólogos.

La quinta enseñanza: todo se hace con amor. Si no es así, no hay sanación o solución, pues tampoco hay fuerza o valor suficiente para lograrlo.

La sexta enseñanza: no se puede alterar la ley del orden universal, así que se tiene que respetar el camino que cada quien toma; cada persona tiene su tiempo, y el tiempo de Dios es perfecto.

Séptima enseñanza: el sacrificio no funciona, jamás debes de sacrificar tus sueños por nadie. No eres dueño de nadie y nadie es tu dueño, es por eso que el amor verdadero se vive en libertad y en consciencia de dejar ser.

Podría seguirme con la octava, la novena, y no acabaría, pero hay una muy importante, que es la del agradecimiento. En el agradecer se esconde la abundancia del universo, es por eso que mientras más agradezcas, más abundante se vuelve tu existencia. Transformar tu vida es todo un proceso de cambios, si no estás dispuesto a cambiar es porque tu ego te domina y no estás dispuesto a recibir ayuda, lo cual dificulta sustancialmente la transición.

En un despertar espiritual, la vida te lleva a lo más profundo del dolor para que al despertar distingas la diferencia entre la oscuridad y la luz. La luz es amor puro e incondicional, es la consciencia despertando, es la plenitud en la vida misma, es el agradecimiento. Por eso hoy, después de ese proceso de dolor, de angustia, soledad, de carencia, puedo decir que valió la pena. Hoy me siento plena y abundante, y me acompañan sueños que he hecho realidad gracias a la ayuda del Maestro Saint Germain y los ángeles, y gracias a todos los seres de luz que me acompañaron en el proceso, pues cada vez que me veían desfallecer o enfermar, inmediatamente llegaban a alimentarme, y me sanaban. Estoy infinitamente agradecida por su asistencia y su ayuda.

Las enseñanzas de los maestros ascendidos y los ángeles me convirtieron en una sanadora angelical; hoy a eso me dedico. También me he preparado en otras materias para completar mi educación espiritual: astrología, numerología, terapia floral, oráculos, radiestesia, y muchas cosas más. De hecho mis estudios continúan, sigo preparándome y creo que lo haré hasta el final de mis días, seré una eterna estudiante.

En la terapéutica me di cuenta que muchas personas han pasado por la misma situación que yo, y que también para ellas fue difícil porque no tuvieron comprensión y apoyo de sus familias, es por eso que para mí ha sido muy importante hacer conscientes a mis pacientes de que sus visiones y sensibilidades son reales, que sí existen esas criaturas o entidades que se presentan ante , los más vulnerables o los más perceptivos, y que debemos de poner atención y ayudar a quienes les sucede.

Hay algo que siempre debemos tener en cuenta: "La llamada siempre obliga a la respuesta". Si la necesitas, pide ayuda. No dudes que los ángeles te rescatarán de cualquier situación, te abrirán los caminos para que consigas lo que quieres: removerán los obstáculos, te sanarán si es necesario, te protegerán ante el peligro, te concederán abundancia, y estarán para ti en todo momento.

Así como ellos me ayudaron a mí, también te pueden ayudar a ti. De la mano de ellos tu vida cambia para bien y se transforma todo lo que tienes alrededor para que disfrutes de una existencia más cordial. Yo soy el vivo ejemplo de esa transformación, ya que después de estar totalmente en la oscuridad ellos me rescataron y me mostraron la luz en la que todos deberíamos de estar, por eso hoy te comparto esa luz que me hizo resplandecer y cambiar mi vida para bien. Te comparto mi historia para que sepas que todo es posible: tú también puedes transformarte. A partir del amor puro e incondicional nos reconocemos como seres divinos en una experiencia terrenal.

"Nos sentábamos a escuchar sobre ladrillos, y con unas maderas formamos asientos. Luego un vecino nos pasó un cable desde su casa para compartirnos luz. Así empecé mi labor de catequista..."

EL SUSURRO DEL ALMA

Araceli Olmos

Quiero compartir el despertar espiritual que me llevó a reconocer la conexión que ya tenía, pero todavía no reconocía, con mi padre, Dios.

Tenía seis años, y en ese entonces me encantaba asistir al catecismo; cada oración, cada alabanza, me conmovía el corazón, me hacía vibrar de tranquilidad y seguridad. Estudiaba catecismo en la colonia Belisario Domínguez, en Guadalajara, Jalisco, en el templo de Santa Margarita, un templo hermoso que formó parte importante de mi infancia.

Jugando con mis amigos, con los cantos de fondo, esperando a entrar a la clase, me sentía feliz. Aquel era un lugar especial para mí, el lugar en el que podía disfrutar de la conexión y la confianza que le tenía a mi guía, quien me brindaba su conocimiento a través de pláticas espirituales. La llamaban "catequista". La admiraba, reconocía cierta magia en su mirada, un mundo en cada una de sus palabras, que eran las palabras de Dios.

A mi edad, ya sentía que podía comprender lo que mi catequista me enseñaba. "Cuando yo crezca quiero ser como tú", le llegué a decir. "Deseo compartir la palabra de Dios". Una de las alabanzas con las que más me identificaba, decía, "yo quiero ser un instrumento de tu paz", y así le dije yo a mi catequista: "Quiero que Dios me permita y me enseñe a convertirme en un instrumento para ayudar y sanar a las personas que lo necesiten". Esto era algo que también le decía a mis padres con mucho gusto.

Recuerdo la mirada que me dirigió, una mirada tierna, y con una sonrisa me colocó ambas manos sobre ambos hombros: "Sé que Dios pondrá el conocimiento en ti, y cuando llegue el momento indicado compartirás su palabra. Estoy segura que lo harás muy bien, y ya me siento orgullosa de ti porque a tu corta edad estás deseando algo hermoso que apoyará a la humanidad. Felicidades, Dios te ha elegido".

Me platicó que ella, de la misma manera, había soñado con compartir una vida junto a la palabra de Dios y aportar un granito de mostaza a todo aquel que quisiera la enseñanza de Dios en su vida. Reconoció que lo había logrado, pues había sembrado esta semilla en mí. A partir de ese momento me la creí y comencé a proyectar el lugar y la manera en que yo, de grande, daría mi catequesis.

Estaba ansiosa por crecer, me ilusionaba la posibilidad de convertir mi sueño en una realidad. Crecí, llegué a mi primera comunión; tenía once años y, créanme, seguía pensando de la misma manera. Después, a mis trece años, vino mi confirmación, como lo manda la ley de Dios.

Vivía en un fraccionamiento cerca de Tonalá que apenas comenzaba a construirse. No había ni luz ni agua, y mucho menos una iglesia cerca. Tenía que caminar por varias calles solitarias, siempre acompañada, para llegar a una nueva iglesia. En ese entonces iba solo a misa de domingo para fortalecer mi fe escuchando de nuevo esas alabanzas que nunca han dejado de llegarme al corazón. En una ocasión me acerqué a pedirle información a una mujer que había dado cátedra sobre temas para adolescentes, y ella me invitó a al grupo. Me uní, y al poco tiempo recibí la invitación para ser parte de la catequesis, pues ella había notado en mí este amor por compartir la palabra de Dios. Comencé a prepararme, pero me sentía insegura, demasiado joven para dar el catecismo. Compartí esta duda con mi líder y ella me aseguró que no se necesita edad para compartir la palabra de Dios, se necesita fe, saber hablar con la verdad, con devoción.

A los meses comencé a dar catequesis en la iglesia de Santa Lucía, que se encuentra en la colonia Insurgentes; sentí el llamado de Dios. Empecé preparando a pequeñitos que iban al kínder, y al poco tiempo a niños de primero a tercero de primaria. Cuando cumplí los quince ya estaba con niños de quinto y sexto, preparándolos para su primera comunión. Estaba feliz, tranquila, plena, pues estaba haciendo lo que mi corazón me indicaba: me había convertido en un instrumento de Dios. Hubo un llamado en mi mente nuevamente, ahora quería llevar misas, catequesis y charlas más allá de los muros de la iglesia, a través de toda la colonia.

Un día, en una de las reuniones de preparación de catequistas y coordinadores de grupo, estando el padre y las madres presentes, quienes representaban la autoría y el ejemplo guía para enseñarnos y prepararnos, les comenté que tenía la intención de llevar la catequesis y las charlas de los grupos de jóvenes a mi colonia. El padre me miró sorprendido, ¡yo tenía solamente quince años! Me dijo, "Hija, es una muy buena idea la que tienes. Si tienes esa intención, puedes hacerlo con mi apoyo y con la bendición de Dios. Permítete hablar con los equipos que ya están formados para las charlas. Tienes me autorización para formar un lugar donde puedas dar la catequesis; serás la coordinadora, encargada de todas las necesidades de tu colonia. Me siento muy orgulloso de ti, me satisface ser testigo de la bondad que hay en tu corazón".

Sentí que tenía todo el apoyo y en mi manos estaba el poder de hacer un cambio en mi colonia, así que me di el valor y sin saber cómo lo haría y ni siquiera tener dónde hacerlo, invité a los coordinadores del grupo familiar-juvenil. Busqué un lugar que mis vecinos pudieran prestarme y una vecina me dio un espacio. Era un terreno donde todavía no se terminaba de construir, era apenas la entrada de una casa, las ventanas cubiertas de plástico negro, el piso de tierra: para mí era perfecto; estaba profundamente agradecida.

Nos sentábamos a escuchar sobre ladrillos, y con unas maderas formamos asientos, luego un vecino nos pasó un cable desde su casa para compartirnos luz. Así empecé mi labor de catequista, llevé las pláticas a los jóvenes de mi colonia, y comenzamos a crecer. Cada día había más personas involucradas en el despertar espiritual. Los padres de la colonia se acercaban a mí para agradecerme que llevara a sus hijos la preparación de la catequesis, hasta ese entonces no habían tenido la oportunidad de asistir por la lejanía de las iglesias más cercanas. Llegué a formar más de sesenta niños y niñas, y en las charlas de los jóvenes nos llegamos a reunir más de cuarenta adolescentes y jóvenes.

Pasaron tres años desde que había comenzado y el proyecto seguía expandiéndose. Se me ocurrió formar más grupos, ya que empezaba a crecer la formación y necesitaba ayuda, así que decidí invitar a más personas a colaborar. A mí siempre me dio confianza relacionarme con señoras, entonces me di la tarea de tocar puertas con la hoja parroquial que entregaba cada sábado en las casas. Invité a dos personas ya mucho mayores que yo, dos señoras con hijos a los cuales yo había llevado a la catequesis y a su primera comunión. Me contestaron que era una muy hermosa invitación, pero que no se sentían seguras de poder hacerlo bien, pero yo les insistí, pues de verdad necesitaba apoyo. Con dudas y cara de pena, me dijeron que sí.

Cada sábado la señora Conchita y la señora Caro asistían al templo para formarse. Llegábamos a las nueve de la mañana, recibíamos a los niños y por edades se acomodaban en el patio principal del templo. Entonces cada catequista se llevaba a su grupo. ¡A los niños les encantaba! Y yo me acordaba de mi niñez, que había sido el momento que me llevaría ahí. De pensarlo, se me eriza la piel: estaba viviendo el sueño que me había planteado hacía tantos años. Después de la catequesis nos quedábamos para prepararnos, nos guiábamos por unos libros que van de acuerdo a las edades de cada niño, así como por las monjas y el padre. También no veíamos los domingos en la mañana para llevar a los niños a una misa especial. Esa misa siempre tuvo una energía muy bonita, e incluso animábamos a los niños a que participarán leyendo en voz alta la palabra de Dios, en el atrio. Esto los hacía sentir muy importantes, era muy tierno.

Mientras se formaban los equipos de la señora Conchita y la señora Caro, me empecé a sentir más segura y tranquila, pues ya teníamos un equipo. Con el apoyo de ambas, atendimos a grupos frente a la casa de una de ellas en un jardín amplio con un árbol que nos daba sombra, aunque no teníamos el espacio suficiente para que llegaran más niño, así que nos fuimos dividiendo. Aún me prestaban la casa en construcción, pero al poco tiempo me pidieron el terreno de vuelta y tuvimos que conformarnos con el jardín. Formamos un equipo muy bonito, nos poníamos de acuerdo y vivíamos experiencias maravillosas. Las sonrisas de los niños eran el pago más satisfactorio que nuestras almas podían recibir, así como el agradecimiento de los padres con un abrazo, un detalle o una invitación a la primera comunión. Era algo especial, me sentía halagada.

Me seguía formando y también fue invitada a participar en los vía crucis, y eso me hizo sentirme aún más especial y conectada con la experiencia de vida que nuestro Señor Jesucristo vivió en la tierra. Me tocó representar en varias ocasiones el papel de María Magdalena. Me ponían una túnica morada y un manto que me cubría la cabeza en color amarillo. También llegué a formar los equipos que representaban las estaciones, las cuales a su vez representan cada situación que vivió el maestro Jesús en su sacrificio. Me gustaba hacer mi propio vestuario, pues en la secundaria había estudiado corte y confección. A veces incluso hacía el de mis amistades y compañeros que se permitían también participar en este evento.

Alguna vez invité a mi hermano, Javier Olmos. Él también participaba en los grupos de jóvenes y adolescentes del movimiento cristiano juvenil, y llegó a representar a José en una de las estaciones del vía crucis. Era muy agradable representar a los personajes bíblicos.

Pasaron los meses y se me ocurrió que era importante tener un lugar bien puesto para dar misa, quizás construir una pequeña iglesia en nuestra colonia. Sin embargo, la colonia en ese entonces estaba formada solamente por tres calles, casi cuatro. Lo que pasó en vez es que los vecinos comenzaron a dar ideas de formar un nicho en el jardín con la ayuda de los adultos. Entonces se dieron a la tarea de construir un pequeño nicho donde se colocó la imagen de San Judas Tadeo, quien representaba a nuestra colonia.

San Judas Tadeo y San Simón el Cananeo fueron dos de los doce apóstoles de Jesús. San Judas Tadeo es conocido como el santo de las causas imposibles, debido a su reputación como intercesor en situaciones difíciles. Se cree que predicó en oriente y sufrió el martirio en Persia por su fe. Su imagen suele mostrar un medallón con el rostro de Cristo sobre su pecho, simbolizando la leyenda de que Jesús imprimió su rostro en un paño que

Judas llevó al rey Abgar de Edesa para curarlo de su enfermedad.

San Simón el Cananeo, también conocido como Simón el Zelote, es conocido por su valentía y dedicación a la causa cristiana. Se cree que predicó en diversas regiones y también sufrió el martirio por su fe. A menudo se le representa con una espada o un mazo, símbolos de su martirio. Ambos santos son venerados por su firmeza y dedicación a la fe cristiana, figuras importantes en la tradición católica.

San Judas Tadeo y San Simón el Cananeo, según la tradición cristiana, predicaron juntos en Persia (actualmente Irán). Fueron mártires de la fe cristiana y se cree que sufrieron el martirio en la misma época y lugar debido a sus enseñanzas. Se les recuerda como compañeros en su misión evangelizadora y su dedicación compartida de difundir el mensaje de Jesús. Al haberse realizado el nicho con la imagen San Judas Tadeo, los vecinos comprendimos que era un legado, una protección y un lugar espiritual para orar, para reposar, para sentirnos escuchados y permitirnos seguir realizando ahí la catequesis y misas especiales.

Mis padres siempre me apoyaron al permitirme prepararme como catequista y seguir coordinando grupos para jóvenes. Mis padre también llegaron a ser coordinadores del grupo familiar cristiano para padres, lo cual nos tenía muy conectados. Siempre fueron mis guías y mi ejemplo a seguir, compartiendo la palabra de Dios a través de su ejemplo. Mi padre se llama Francisco Javier Contreras Rodríguez, y mi madre es Lourdes Olmos Vásquez, ellos, con su amor y con su dedicación, me dieron el tiempo para crecer y confiaron siempre en mí. Han sido mi mejor versión y propiciaron mi despertar espiritual. Son personas de fe y creyentes de Dios. Yo estoy agradecida con ellos y con la vida por esta importante experiencia.

También me siento muy agradecida por la compañía y apoyo de mi hermano. Juntos vivimos experiencias únicas y proyectos importantes, y disfrutamos de participar en los vía crucis. Me sentía acompañada y los momentos vividos junto a él fortalecieron mi alma. Gracias, hermanito, por ser parte de mi vida.

Decidí retirarme cuando cumplí dieciocho. Elegí casarme, como narré en mi primer libro. fue entonces cuando viví otra experiencia que me llevó a seguir conectando con Dios en espiritualidad.

Al día de hoy me siento feliz y orgullosa de haber dejado una semilla en el corazón de personitas que se convirtieron en adultos que construyeron sus vidas. A la mayoría aún los veo, pues viven en la misma colonia. Cuando me ven, me saludan con mucho cariño. Otros ya partieron de esto mundo, y me duele no tenerlos en vida, pero también agradezco su presencia y la belleza que dejaron tras de sí. Llevaré su recuerdo siempre conmigo.

Uno de ellos incluso se formó como sacerdote y llevó su legado con la palabra de Dios, a través de cada misa. Ha dejado en muchos corazones su fortaleza, su apoyo, su inteligencia, su noble corazón, su fe, y su ejemplo de vida. Se llama Eduardo Zúñiga Gómez, y lo recordaremos con cariño y honor en nuestros corazones, enviando luz a su ser hasta el cielo. Agradezco que mi familia y la de Eduardo sigan en contacto, somos compadres. Su hermana incluso fue mi paciente en mis sesiones de medicina alternativa, terapeuta holística y guía espiritual.

Así fue como empezó mi camino en la espiritualidad en este mundo terrenal. Disfruté y viví con intensidad aquel periodo de vida, así como todos los que le siguieron. Ahora comparto una semilla a tu corazón, lector, y si en algún momento has sentido el llamado de Dios, de la espiritualidad, llámese como se llame, te animo a que contestes. Incluso aunque no creas en una religión, recuerda que todos somos uno y lo que le afecte a uno nos afecta a todos.

Yo, Araceli Olmos, te mando un abrazo lleno de luz. Deseo que mi experiencia de vida disipe en ti esas dudas que has tenido, que te recuerde que tienes todos los dones y los talentos, solo falta que te des el permiso de reconocerte y explorar quién eres y qué es lo más bello que puedes dejar en este mundo para el otro. Yo te honro y bendigo con amor.

"Dejé todas mis cargas en Él y le entregué mi corazón roto. Supe en ese momento que Dios quería volverme a usar a pesar de que mi vida no estaba a su altura".

Dios puede volverte a usar

Rogelio A. Pérez

... el Señor le restauró su bienestar.
Es más, ¡el Señor le dio el doble de lo que antes tenía!
Job 42:10b, NTV

¿Será posible para el ser humano experimentar gozo, júbilo, alegría, y ser pleno en todos los sentidos de su vida? La respuesta es ¡sí! Así que ahora te preguntas, "¿Cómo es esto posible?"

A través de mi historia de vida pude alcanzar ese sí, y quiero compartirla contigo, pues creo que tú también puedes llegar a tener paz, gozo, júbilo, y una plenitud en todos los sentidos. Mi nombre es Rogelio Alberto Pérez, nací en Tampico, Tamaulipas, un 21 de junio de 1962, en el seno de una familia obrera de clase media.

Tuve una infancia aparentemente normal, cursé la primaria, la secundaria, la preparatoria, y llegué hasta la universidad, donde estudié ingeniería civil en la Facultad de Ingeniería de la Universidad Autónoma de Tamaulipas. Cuando terminé la carrera a mí y a los estudiantes de la generación nos ofrecieron trabajo en el Distrito Federal, hoy Ciudad de México, de parte de nuestro padrino de generación. Después nos enviaron a Matamoros.

Mi plan era quedarme de tres a seis meses, pero Dios tenía otros planes para mí, y esos disque tres a seis meses se convirtieron en veinticinco años de pernoctar en la ciudad de Matamoros, en la cual vi y palpé la bendición del Señor en mi vida. Ahí trabajé en el puerto del Mezquital por un año y medio, y después me moví a una constructora para trabajar como ingeniero y perito responsable de obras de algunas maquiladoras de la constructora. En esa constructora empecé a vislumbrar una área nueva, construcción de obra civil con mecánico, eléctrico, sistemas de enfriamiento y sistemas contra incendios en edificios de maquiladoras que llegaban a la región fronteriza.

Después me moví a otra compañía, donde el Señor me permitió estar en la construcción de la mal llamada Plaza Fiesta Matamoros, en el año 1986. Terminé mi ciclo en esa constructora y salí para poner mi propia constructora: Dico Diseño y Construcciones S.A. de C.V. Es decir que, tras haber sido un empleado, me independicé, y esta independencia llegó con ingresos fuertes y contratos fuertes por cantidades fuertes, y llegó el momento en que mi corazón se desalineó de Dios. Empecé a ver la vida de otra manera, pero "¿Qué provecho tiene el hombre de todo su trabajo con que se afana debajo del sol?" (Eclesiastés 1:3).

El resultado de esto fue vanidad, ego inflado, y cambios en mi vida no muy satisfactorios. Perdí el rumbo y empecé a mirar cosas que no debía aunque sabía que esto me iba a ocasionar problemas. Pero me dije, como toda persona que se siente autosuficiente, "A mí no me va a pasar", y qué crees, me pasó. Me empecé a dañar a mí mismo y a otros, aunque sabia en mi corazón que tarde o temprano esto traería consecuencias. Y llegaron.

El 11 de septiembre estaba viendo en la televisión cómo el mundo cambiaba para siempre.

Lo contratos que disque teníamos ya para empezar a construir maquiladoras se cancelaron debido al miedo y al terror que el ataque a las Torres Gemelas en Nueva York había desatado, y esto trajo a la compañía un colapso total: nos declaramos en bancarrota. Todo estaba perdido; estábamos endeudados.

Mi orgullo estaba por los suelos, mi ego, destruido; fue una experiencia muy dolorosa, pero Dios en su infinita gracia y amor me seguía amando y esperando con los brazos abiertos. Entonces, con mi dolor, con mi orgullo hecho pedazos, fui a Él, al que podía levantarme, sanarme y perdonarme, a ¡Jesús! Y entendí perfectamente que Él era el único que me podía ayudar y acomodar correctamente mi vida. Empecé de nuevo, creé una nueva compañía constructora en la que mi socio era Él, y cada mañana antes de abrir la constructora oraba, leía la Biblia, y, te lo digo con toda la honestidad del mundo, empezó a cambiar mi vida.

Dios me llevó a la Iglesia Bautista West Brownsville en 1996. Ahí empezó a trabajar en mi corazón para una tarea muy especial que Él tenía para un servidor, y ahí en la iglesia conocí a mi esposa María Isabel. El 16 de diciembre del 2006 me uní en matrimonio con ella y tuvimos tres maravillosos y hermosos hijos, Valeria Michelle, Ari Gamaliel y Joel Daniel (que son gemelos).

¿Y te acuerdas que dije que Dios estaba trabajando en mi corazón para una tarea muy especial? Pues bien, mi vida era en aquel tiempo, antes de casarme, un desorden. Yo lo llamaría un caos. Pero Dios, en su gran misericordia e infinito amor, tenía un plan perfecto para mí, y un domingo, sentado en la última fila, mi pastor Carlos Navarro predicó un sermón llamado "Dios puede volverlo a usar", y yo, al escuchar esas palabras que todavía resuenan en mi mente y en mi corazón, me sentí golpeado. Dios me habló a través de ese sermón y hubo un renacer en mí.

Dejé todas mis cargas en Él y le entregué mi corazón roto. Supe en ese momento que Dios quería volverme a usar a pesar de que mi vida no estaba a su altura. Un día un buen amigo me dijo una verdad que al principio me incomodó, aunque después le di las gracias por su franqueza. Me dijo, "Rogelio, tú eres una moneda devaluada".

"Tienes razón", le respondí, "¿pero sabes? Las monedas pueden recuperar su valor", y ahora, por la gracia y misericordia de Dios, ese peso devaluado ahora tiene mucho valor y propósito: ahora mi vida está en las manos de aquel que vino a buscar y a salvar lo que se había perdido.

Mi historia puede ser también la tuya, o pasar por etapas similares.

Dios siguió trabajando en mi corazón, empecé a estudiar en el Seminario Teológico Bautista del 2002 al 2006, y en ese mismo año Dios nos llamó a ser los primeros misioneros de la Iglesia Bautista West Brownsville. Más adelante, en febrero del 2007, mi pastor, el reverendo Carlos Navarro, nos comisionó a un servidor y mi esposa a la Argentina, donde llegamos a la ciudad General Alvear, Provincia de Mendoza, a pastorear la primer Iglesia Bautista de General Alvear.

Dejamos absolutamente todo: cerré mi compañía constructora y mi esposa dejó también su trabajo de consejería en la preparatoria donde trabajaba. Íbamos a un lugar con diferentes costumbres, comida, y aunque no lo creas, diferente lenguaje. Aprendimos a depender de Él y tuvimos que pagar un precio muy alto. Mi esposa perdió dos bebés, pasamos por el dolor de ver al feto desprenderse mientras mi esposa se desangraba en el baño, pero también vimos cómo Dios nos abrazó a través del cariño de nuestros hermanos argentinos y sentimos esos brazos tiernos de amor que solamente Él puede ofrecer.

Pudimos haberle reclamado, pudimos haberle dicho "no más", pudimos haber regresado, hasta pudimos haberle espetado, "¿Por qué no nos concediste la dicha de ser padres? Lo dejamos todo por ti, ¿y así nos pagas?" ¿Pero sabes qué hicimos? No ofendimos ni dirigimos hacia él nuestro rencor, al contrario, expresamos desde lo más profundo de nuestro corazón aquellas palabras que dijo Job cuando lo había perdido todo: "Desnudo salí del vientre de mi madre, y desnudo volveré allá. Jehová dio, y Jehová quitó; sea el nombre de Jehová bendito"(Job 1:21).

Regresamos de la Argentina después de un año y dos meses, a nuestra iglesia en Brownsville Texas, con muchos gratos y hermosos recuerdos, y anécdotas que nos marcaron el corazón. Era un nuevo comienzo, empezamos a orar y pedir sabiduría para que nos mostrara hacia dónde quería que nos dirigiéramos el Señor.

Un día, pasando en medio de unos buenos hermanos de la iglesia, alcancé a escuchar una única frase, "ciudad de Olmito", y ese nombre hizo mella en mi corazón y mi pensamiento. Busqué en internet dónde estaba Olmito, pues nunca antes había escuchado del lugar, y empecé a orar para que Dios nos mostrara si era ese el lugar a donde quería que fuéramos. Ya con una hija de seis meses, mi esposa y yo fuimos a explorar la ciudad.

En Olmito trabajamos calle por calle, casa por casa, pidiéndole a Dios que una nos abriera su hogar para empezar a crear una célula de hogares (así las llamamos nosotros cuando empezamos en las colonias o subdivisiones), y Dios, como siempre y en su tiempo, en su bondad y su amor, nos llevó a la casa del hermano Oscar Sánchez, donde nos abrieron las puertas con mucho amor. Todavía me acuerdo de su palabras: "Rogelio ¿ya tienes un lugar para predicar la palabra?"

Le dije, "No, mi hermano".

"Pues ahí está el pórtico de la cochera para que empieces".

Empecé a llorar porque Dios había tocado y movido al hermano Oscar para abrir su casa a la predicación del Evangelio. Y ahí empezamos mi esposa y un servidor, con siete personas, en una cochera. Hoy somos 120 personas que domingo a domingo se reúnen en nuestra Iglesia Bautista Capernaum.

Hace dos años el cáncer tocó a la puerta y entró en nuestra casa. A mi esposa María Isabel le diagnosticaron esta enfermedad. Luchó por dos años, e incluso en medio del dolor y la enfermedad Dios tenía un propósito en nuestras vidas; hemos aprendido que Dios tiene un proceso, un tiempo, y un propósito. "Y sabemos que a los que aman a Dios, todas las cosas les ayudan a bien, esto es, a los que conforme a su propósito son llamados" (Romanos 8:28).

El 29 de mayo del 2025 a las 10:25 a.m. mi esposa falleció. Y volvió el mismo sentimiento que tuve en Argentina: no reclamé, de mi boca solamente salieron palabras de gratitud, le di las gracias a mi Dios por haberme permitido los veinte años maravillosos que tuve a lado de una mujer maravillosa.

Terminaré esta narración de mi vida con estas palabras: ¡DIOS PUEDE VOLVERTE A USAR!

A Dios no le importa tu pasado, a Él le importa tu presente y tu futuro. Si me estás leyendo es porque Dios te trajo aquí porque quiere volverte a usar grandemente; si lo hizo conmigo también podrá hacerlo contigo, No lo dudes, Dios siempre tiene un plan para sanar y restaurar. Aunque no conozco sus planes exactos, sí sé que Él es bueno, y creo totalmente que si restauró mi corazón y mi vida, también tu corazón está en su lista santa de cosas pendientes.

Ven a Él y reconéctate con Él, entrégale todo tu corazón sin reservas, pídele perdón y vuelve a Él, porque Él te sigue esperando con los brazos abiertos, llenos de amor y de misericordia. Él te quiere abrazar, te quiere besar, te quiere vestir con ropas nuevas; nos quiere dar acceso a sus infinitas provisiones y lujos, nos llena con una comida abundante y termina todo con una celebración. Él desea cercanía con nosotros y quiere que nos convirtamos en todo lo que Él nos ha llamado a ser.

Aquí hay algunas cosas para recordar mientras retomas el rumbo de tu vida espiritual:

- Eres perdonable (Salmo 103:12).

- Eres hecho nuevo (2 Corintios 5:17).

- Eres imperfecto (Romanos 3:23).

- Puedes hacerlo (2 Timoteo 1:7).

- Tienes un propósito (Romanos 8:28).

Y si tú nunca has recibido a Jesús como tu Señor y Salvador de vida, hoy es el día de tu salvación. Si esto es algo que quieres, me gustaría que le digas a Jesús esta breve oración:

Querido Jesús, conoces mis dolores y preocupaciones más profundos y las áreas en las que ansío desesperadamente la sanidad y la restauración.

Hoy las entrego completamente a ti y te pido
que me ayudes a tener una fe alegre y expectante
mientras espero que te muevas en mí. Me compro-
meto a confiar en ti, en tus caminos, en tus planes
y en tus tiempos a partir de hoy.

Perdona mis pecados y pon mi nombre en el libro
de la vida del Cordero; sé que a partir
de hoy soy tu hijo(a).

En el Nombre de Jesús, amén.

Que el Señor te bendiga y te guarde grandemente. Si hiciste la oración, bienvenido a la familia más grande del mundo, la familia de Dios. No has cambiado de religión ni de iglesia, ahora perteneces a la familia de Dios y ¡Dios es tu papá! ¡Felicidades!

Que el Señor te bendiga y te guarde y haga resplandecer su rostro sobre ti, y te de mil veces más de lo que tienes.

Bendiciones.

"Dios me ha enseñado que los sentimientos buenos son nuestra brújula para tomar decisiones que nos llevan a evolucionar sin que dejemos de ser nosotros mismos".

Elegidos por Dios para cumplir una misión de luz en Casa de Luz Arcángeles

Brayan Ruiz Millán

Lo que van a leer en las siguientes líneas podrá parecer fantasioso para muchos; otros tantos dirán que es mentira, pero el restó entenderá por qué escribimos este mensaje de luz: para tocar el alma de los lectores. Para nosotros lo más importante es llegar a las almas que necesitan saber que existe un mundo de luz espiritual que nos puede rescatar de cualquier infierno en el que vivamos.

Desde muy temprana edad, en un entorno complicado por el medio en el cual crecí, aprendí a defenderme de ataques, injusticias, chismes, entre muchos otros señalamientos, empezando por algunos parientes que eran notoriamente violentos a través de comentarios burlones y provocadores. También conocí a gente con buenos sentimientos, bondadosa, que compartía su buena energía generando en mí la esperanza de un mejor mañana. Me queda claro que muchos pasamos por situaciones similares y en muchas ocasiones necesitamos ayuda, consejos sabios, dirección, seguridad, pues aunque nuestros padres, profesores, instructores, hermanos o familiares se encuentren cerca, hay situaciones en las que necesitamos ser de plomo, tener sangre de atole o cuero grueso, y lo mejor sería contar con ese "alguien superior", alguien que no juzgue, señale o reprenda. Así inicio mi búsqueda de Dios, sobre quien todos hablaban pero nadie me mostraba.

Como joven inexperto, llegué a decir, "Me voy a matar, ¿qué tal que así lo conozco más pronto?" Hoy sé que era un pensamiento oscuro que buscaba desviarme del camino correcto. Pregunté a muchas personas quién era Dios y escuché muchísimas versiones, algunas me causaban gracia, otras me aburrían, y otras me hacían creer que no existía. Llegué a pedirle que, si existía, me diera pruebas: yo y mi ineptitud retando al creador. (Discúlpenme, yo ya me perdoné.)

Nací en una familia católica, mas no fanática. Platicaba conmigo mismo y sacaba conclusiones de mi propio análisis de todo lo que iba conociendo; soy un alma investigadora. Un día llegó a mis manos una estampilla religiosa que tenía representado al arcángel San Miguel y al verlo surgió en mi ser una sensación de alegría, una descarga de pensamientos que crecía entre más lo observaba. En mi mente de ocho años vi a un hombre con alas volar por el mundo con semejante fortaleza. Creo que observé la estampilla por horas y surgió en mí gran energía al leer la oración que venía al reverso. No entendía mucho, pero me era importante tenerla conmigo.

Lo que sucedió fue realmente sorprendente.

Desde ese momento se activó mi espíritu detective y leí su historia, los testimonios, hazañas y apariciones que se han registrado de él en el mundo. Supe que una de ellas había sido en Tlaxcala, México, y de inmediato busqué la forma de visitar ese estado.

Luego me encontré con la edificación religiosa, sin embargo la energía que yo esperaba encontrar no estaba ahí. Quizás esto pasó ante tiempo que el mismo hombre viene recordando algo que ya no sucede, una magia inexplicable que ya no está, o por lo menos yo no lo percibo, pensé, y así fui recorriendo varios lugares donde mi ser sentía que podía encontrar algún rastro de la presencia de esa suprema divinidad. Mi voz interior siempre me ha impulsado a ir hacia adelante para aprender, emprender, y realizar acciones benéficas a mi persona y a los que están conmigo.

Fue muy difícil para mí comprender que muchas personas depositan su fe en diferentes deidades que evito nombrar por respeto a la luz. Conocí de cerca a esas personas y las vi depositar su fe en energías que inspiraban miedo en mucha gente, aunque a mí me generaban una especie de confianza medida. El tiempo me hizo ver que muchas de esas personas que decían dedicarse a ayudar a otros por medio de sus habilidades espirituales dejaron de creer en sus deidades y se entregaron a un constante desequilibrio emocional. Otros siguen buscando desesperadamente ganarse la vida de formas fáciles mientras otros venden servicios espirituales generando fanatismo y olvidándose de una verdadera fe; venden miedo, teatros que contagian oscuridad de pensamiento y reacciones que rompen con la armonía humana. Yo respeto a cualquiera que profesa esas ideas religiosas, pues hoy sé que son un proceso de enseñanza, y cada quien tiene o conoce lo que está dispuesto a conocer. Es decir, si no estás preparado para altos niveles de consciencia, simplemente serás entretenido por bajas frecuencias vibratorias, depende de tu expansión mental, disciplina y constancia.

Esa frase de que "el que busca encuentra" aplicó perfectamente en mi vida, pues siempre llevé al arcángel San Miguel en mi mente y en mi corazón a pesar de las duras lecciones de la vida: experimenté, como muchos, más, traiciones, injusticias, decepciones, muertes cercanas, conflictos familiares, y más. Recuerdo muy bien los días en los que escuchaba mi voz interior preguntándome qué hacer, cómo expresarme y hacia dónde dirigirme, y muchas veces permanecí en silencio, pasivo, y con muchísimo miedo a sentirme señalado.

Efectivamente, recorrí un largo camino aprendiendo y reconociendo la oscuridad en todas sus manifestaciones y muy de cerca, pudiendo haber muerto en accidentes, en riñas, y hasta por pecar de inocente. Por alguna razón elevada en luz, se fue desarrollando en mí una intuición que me hacía vibrar la energía de cada persona, de cada lugar, sensaciones que me invitaban a continuar una relación amistosa o, todo lo contrario, a alejarme de inmediato, activando mi sentido de alerta, y supuse que todas las personas teníamos ese mismo nivel de sensaciones, pero en el camino me di cuenta que todos somos un mundo totalmente distinto.

Si algo tenía claro es que necesitaba ser experto en algo para mantener la estabilidad y poder ayudar a los demás, y siempre pensé que mi capacidad de análisis era muy grande (y lo escribo sin alardear). Me doy cuenta ahora que, de forma paralela, fui llevado por caminos sinuosos con el propósito de conocer todas las oscuridades desde la raíz para así aprender la mejor forma de eliminarlas, primero de mi pensamiento y después de mis acciones para así tener consecuencias positivas que elevaran mi frecuencia vibratoria y me permitieran establecer un contacto espiritual con seres de alta luz, y también eliminarlas de aquellas personas que no desean en realidad compromisos con la oscuridad, pues al final cada quien elige su camino, su forma de vivir y su desenlace, por decirlo de algún modo, pues en todas las religiones hay un después de la vida. Descubrí en carne propia que así es, por eso es mejor portarse bien para establecer y asegurar un camino de elevación que en su momento nos conectará con la creación absoluta.

En mi búsqueda de Dios y del arcángel San Miguel, experimenté sensaciones extraordinarias que surgían de mi interior mientras realizaba meditaciones en las que mi voz interna me guiaba con videncias espectaculares que tenían sentido con lo que vivía en ese momento. En muchas ocasiones me revelaban circunstancias de vida futura a corto, mediano y sorprendentemente inmediato plazo, y puedo decir con toda certeza que encontré a Dios.

Como seres humanos nos corresponde luchar en vida por llegar a Él sin necesidad de escondernos detrás de un pretexto religioso, y al mismo tiempo respetando los preceptos de cualquier religión. Leer, viajar y experimentar situaciones espirituales que no corrompan tu voluntad siempre te indicará el camino correcto. A mí Dios me ha enseñado que los sentimientos buenos son nuestra brújula para tomar decisiones que nos llevan a evolucionar para elevarnos de manera consciente, vivir en plenitud y alcanzar un nivel de felicidad sin que dejemos de ser nosotros mismos.

Cada ser humano reconoce una verdad absoluta cuando la vive de frente, por ahora puedo decirles que a mí me llegó el momento bendito después de largos años cuando una divinidad, un ser perfecto, llamada Eunice, se presentó ante la que fuera mi esposa (QEPD) y yo. De inicio, la sensación de su llegada es indescriptible, pero trataré con mis palabras de expresar esa majestuosidad.

Primero el ambiente del lugar donde nos encontrábamos se tornó cálido, era como estar en un hermoso prado al aire libre. El aire acariciaba todas las partes de nuestro cuerpo al mismo tiempo con una sensación de placer, pero con un tacto que no era físico. Al estar envueltos en esa energía de pureza y amor, se desprendieron cargas de electricidad que nos hicieron sentir ligeros y homogéneos, con el mismo aire. Una voz grave y profunda se presentó:

—En el nombre de la luz de Dios me presentó: soy un mensajero de luz, un espíritu enviado por nuestro Padre. Soy un arcángel y mi nombre es Eunice. Vengo a encomendarles una misión de luz que ha sido enviada por nuestro Padre Santísimo, y no vengo solo, hay otros tres arcángeles que vienen conmigo a crear un centro de luz que será llamado "Casa de Luz Arcángeles". Los veré dentro de algunas albas y deberán responder con certeza si aceptan la misión —y prosiguió a explicarnos a detalle muchísimas situaciones que definitivamente no podemos transmitir por éste medio.

La incertidumbre más grande invadió mi pensamiento, pues a pesar de lo que había visto y sentido, me preguntaba qué pasará si no aceptaba. ¿Qué sería de mí? ¿Se habrán equivocado de persona? Yo tenía claro que mi esposa, María Arcelia, siempre había sido una mujer intachable, pero mi autoestima no me dejaba creer que yo era un elegido.

Un par de días después recurrí a mi madre. Le pregunté:

—¿Qué harías si te entregaran una misión para ayudar al ser humano?

Lo que me respondió fue realmente sorprendente, y supe que el mismo mundo espiritual emitía palabras por medio de ella, pues su forma de expresarse definitivamente aclaró mi mente y mi sentido de vida. Era evidente que las energías espirituales hablaban de forma neutral a través de mi propia madre.

El día de la respuesta, mi esposa y yo nos presentamos y volvimos a experimentar el hermoso proceso de contacto con ese bendito ser. Cabe aclarar que en el pasado ya habíamos hecho contacto con múltiples espíritus, pero jamás de esta jerarquía divina. Ambos entregamos el sí ante el bendito mensajero, quien nos presentó ante el siguiente arcángel de nombre Kalil.

Este proceso de contacto fue igual de hermoso y regenerador, pero al mismo tiempo diferente, una voz distinta, suave pero firme, sensaciones de alegría nunca antes experimentadas; las palabras siempre serán cortas para describir la perfección de estas divinidades y experiencias. La facultad del arcángel Kalil era transportar almas, energías y pensamientos de luz. Él nos explicó todo sobre los movimientos de energías y la forma de reencontrarnos.

Días después conocimos al arcángel San Rafael, médico por excelencia, pues a partir de su luz nace en algunas almas la vocación de desarrollar estudios y cuidados de la salud, incluso vacunas o descubrimientos científicos para el bien de la humanidad. En este caso. él nos daría indicaciones para favorecer la salud material y espiritual de las personas.

Tantos días, tantos años y tantas experiencias me estaban dando la oportunidad de conocer seres de alta luz, y mi deseo más grande era conocer al cuarto y último arcángel, quien dirigía la misión completa. Mi interior pedía que fuera el arcángel

San Miguel, pero respetaría si me revelaban otro nombre, pues mi deseo de contactarlo era más grande que cualquier otra cosa en mi vida.

Todavía recuerdo el encuentro más hermoso que hasta ese momento había tenido en mi existencia, el proceso de conectar con este bendito ser me llevó a aquel momento en el que esa estampilla me conectó a él en pensamiento, en cuerpo y en alma. Ese bendito ser espectacular se presentó: —En el nombre de nuestro excelso Padre, yo soy Micael, el arcángel San Miguel.

Si con los tres arcángeles anteriores la sensación era hermosa e indescriptible, con él bendito arcángel San Miguel experimenté el máximo de mis emociones, vibraciones, pensamientos, energía… Todo en mi mente agradecía mientras en silencio escuchaba, y la verdad es que también lloraba. Un cúmulo de emociones chocó en mi pensamiento entre el raciocinio y el milagro de lo que me estaba pasando.

Desde entonces él siempre se ha dirigido a mí como "mi pequeño".

Cuatro horas aproximadamente hablamos mi hermoso arcángel y yo. Me aclaró todas las dudas que por años yo tuve, y me explicó por qué mi esposa y yo habíamos sido elegidos desde antes de nacer para una misión complicada para el ser humano. Me aseguró que, siguiendo los lineamientos de los arcángeles, todo sería sencillo. Todo tomó sentido en mi vida, por primera vez me sentía en el lugar correcto, con las personas adecuadas y en un tiempo perfecto. Lo que vendría serían grandes luchas y batallas contra la oscuridad, y, aunque aún no dimensionaba esos enfrentamientos, me sentía feliz con la presencia de esos pedestales de luz.

Los cuatro benditos arcángeles nos entrenaron para ser guías espirituales y así poder ayudar a muchas personas para arrancarlas de la oscuridad que las tenía presas en pensamiento y en espíritu. Desde entonces y hasta hoy, sí, reitero, hasta hoy, continuamos luchando de su bendita mano para abrir caminos de fortaleza en el alma y de fe absoluta.

México fue elegido como sede de estos cuatro benditos arcángeles, pero su poder infinito jamás se olvida de nadie, ellos conectan actualmente con diferentes centros de luz en distintas partes de este y otros mundos. Sin embargo, estos son temas de difícil comprensión para quienes no están abiertos y receptivos.

La fortaleza del alma del ser humano es infinita, pero también su sensibilidad, eso es justamente lo que aprovecha la oscuridad, aprovecha todas tus debilidades como ser humano para exaltarlas y romper tus limites, creando actitudes antisociales que primero atraen la atención de todos y más tarde llegan a tristes desenlaces como suicidios, matanzas en escuelas, ingesta de drogas, vicios, excesos, y todo aquello que nos aleja de la vida real. La responsabilidad de los padres adultos es absoluta, pues de ellos depende el crecimiento de buenos hijos o la creación de futuros delincuentes.

Hoy en día es importante enfrentar la realidad, y un mundo donde hay guerra es igual a la manifestación pura de la oscuridad. Necesitamos actuar en consecuencia; si somos energía pura, entre todos podemos hacer un gran cambio, provocarlo, o incluso terminar una gran guerra con el poder de nuestra unión en luz, pero para eso debemos empezar por nosotros mismos, sonreír genuina y diariamente, contagiar de alegría a todos, proponer situaciones agradables, cumplir nuestras responsabilidades, manifestar rectitud en nuestro proceder, detectar oscuridad en el pensamiento y erradicarlo, y aprender a enfrentar a personas oscuras sin caer en sus provocaciones, pues a través de nuestra vida nos encontraremos a muchísimas de ella como jefes de trabajo, compañeros, vecinos, y, aunque no lo creas, hasta dentro de nuestra propia familia.

Este mundo necesita más hombres y mujeres de luz, es por eso que los invitamos a conectar con el mundo de Dios para favorecer su vida. Si consideras que te cuesta trabajo detectar tus fallas, aquí los propios seres de luz te ayudarán, nosotros solo somos transmisores de energía y palabras con mensajes de luz que tocarán tu alma para siempre. Recuerda que nuestra fe es igual a la voluntad de abrir tu pensamiento a recibir más energía positiva, así se empieza, con el deseo de ser feliz, ser mejor persona, y encontrar todo lo que te haga vibrar. Debes reconocer que nada es mejor que tu propia alegría.

Me resta decir que gracias a Dios y esos benditos arcángeles estoy escribiendo la prueba de que por lo menos diez mil personas han sido tocadas hasta ahora por esta Casa de Luz Arcángeles, y tú también puedes ser tocado por la energía de esta bendita luz espiritual.

Es una responsabilidad personal elevar tu estilo de vida para ser mejor y contagiar al mundo de esta hambre de dar, compartir y generar apoyo. Es una tarea de todos, independientemente de lo que hagamos, pues ayudar es sinónimo de obtener formas distintas de hacer cíclico el infinito de la abundancia en tu vida. Un buen doctor sanará a una persona, pero al mismo tiempo sanará a su familia entera dando paz y certeza. Un sanador limpia al ser de oscuridad, pero al mismo tiempo evita que muchos más se contagien de esa misma carencia emocional, vibracional e irracional.

El tiempo de vida es lo más valioso que tenemos y, si tardaste unos minutos en leer esto, agradezco con alma y corazón tu tiempo. Recuerda que hay un lugar de luz que ofrece una sanación de alma gracias a cuatro benditos arcángeles que siguen laborando en la tierra por medio de ésta Totalidad. Puedes encontrarnos en nuestras redes sociales, pero también puedes buscar otras opciones de crecimiento espiritual, solo observa y se precavido; la luz jamás te pondrá contra la pared para que elijas entre un mal y otro mal. La luz genera soluciones, no te promete manifestaciones de nada, tú mismo debes elevar tu fe y amor a Dios para tener acceso a su bendito mundo.

El dinero no es un factor determinante para obtener la gloria, aunque sabemos bien que se requiere para vivir holgadamente y sin preocupaciones materiales. La luz te enseña a vivir feliz con lo que tienes y también te solidifica para hacer crecer tu riqueza material sin olvidarte de la abundancia del alma. Te invito a elevar tu fe de la mano de los arcángeles.

Así es, hermanos, descubrí que la voz y el ser de luz que siempre me ha acompañado es el bendito arcángel San Miguel, y sé perfectamente que es para llegar a muchos de ustedes.

"Me sentía plena, mis pies chapoteaban en el agua como bailando al compás de la música, y de pronto llegó a mí una sensación de plenitud intensa, mi *yo* literalmente despareció y me hice parte del Todo..."

DE LO VISIBLE
A LO INVISIBLE

Carmen Suárez

Mi mamá nació en un pueblo muy cerca del mar. Al cumplir tres meses cada uno de sus hijos, nos llevó a bañarnos en sus aguas: era un bautismo. El agua de mar representa para ella salud, energía, fuerza, y un contacto directo con la naturaleza. No solo me bautizaron en el mar sino que crecí junto a él. Era mi hábitat, mi seguridad, mi refugio. Mi casa sin paredes.

Recuerdo que desde muy pequeña me sentaba en la arena a observar el movimiento de sus olas y pensaba que estaba vivo. Estar quieta, ahí, me provocaba una extraña emoción. En una ocasión, cuando tenía veintitantos años, caminaba, como era mi costumbre, a la orilla del mar, escuchando música en mi walkman. Era para mí un deleite la combinación de sonido, movimiento y mar, pero esa tarde de mayo sucedió algo especial.

Sentía el viento sobre el cuerpo y el sol penetraba a través de mi piel. Me sentía plena, mis pies chapoteaban en el agua como bailando al compás de la música, y de pronto llegó a mí una sensación de plenitud intensa, mi *yo* literalmente desapareció y me hice parte del Todo: sol, viento, cielo, arena, agua, pájaros, palmeras... Yo era todo y todo era yo, mis células se habían esparcido. Era una sensación de éxtasis, de júbilo, había tocado lo eterno y lo infinito. No sé cuánto tiempo duró porque el tiempo se extinguió, y cuando regresé al mundo empecé a llorar de gozo. "Gracias, gracias, gracias", repetí una y otra vez.

No entendí lo que me había pasado y ese júbilo se siguió repitiendo muchas veces en mi vida, siempre en el mar. Era tal mi ignorancia y mi poco entendimiento de lo que experimentaba (me da risa acordarme) que traté en varias ocasiones de que la gente a mi alrededor viviera esa experiencia conmigo. Les ponía los audífonos con mi música, les pedía que caminaran por la orilla y esperaba a que se diera en ellos la misma explosión de éxtasis. Pero una y otra vez me desilusionaba, pues nadie dijo haber sentido algo más que un "no sentí nada".

Fue hasta muchos años después que leí en un libro en el que Romain Rolland acuña el término "momento oceánico", con la descripción exacta de lo que yo sentía. El momento oceánico es considerado como una experiencia mística. También leí que a este tipo de vivencia los japoneses le llaman *"satori"* que significa "comprensión", y es la iluminación en el budismo zen. Mucha gente lo ha experimentado.

En ese tiempo estudiaba psicoanálisis. Era una persona totalmente racional, analítica e introspectiva, siempre ávida de conocer más y más sobre las emociones y la conducta humana. Tiempo después empecé a trabajar. Me encantaba mi trabajo como psicoanalista, de hecho era un placer dar terapia y aparte ganar dinero de ello. Siempre sentí que tenía capacidad para escuchar. La gente en la calle, sin saber que yo era psicoanalista, sin conocerme, se acercaba a mí para contarme sus cuitas.

A los catorce años me hice atea; antes de eso me consideraba católica, pues vengo de una familia católica y mi mamá es la persona con más autenticidad en su fe que he conocido. Como todo, he vivido con contradicciones, por un lado era atea y racional, y sin embargo la espiritualidad siempre me ha acompañado de lejos a través de la vida. Leía a Freud con igual gusto e interés que a Krishnamurti, un pensador espiritual indio.

He sido una persona muy sensible desde que nací. De hecho no hace muchos años me topé con una teoría que dice que hay personas a las que les llaman PAS, "Personas Altamente Sensibles", e inmediatamente me identifiqué. No se considera un trastorno sino un rasgo de personalidad. A las personas PAS las caracteriza la profundidad en la manera de procesar la información recibida. Son personas con mayor sensibilidad a los estímulos sensoriales: sonidos, luces, olores, texturas, temperatura. Experimentan las emociones con mayor intensidad y tienen una gran capacidad empática; perciben las sutilezas, cosas en el ambiente que otras personas no captan. Esto, como todo, tiene su parte agradable y su parte complicada.

La vida me fue llevando al mundo espiritual. Fue algo muy extraño porque en realidad nunca lo busqué. Ciertamente empecé a meditar hace muchos años, pero yo seguía con la certeza (o al menos eso creía que creía) de que Dios no existía. La vida me contactó con Cristina, una persona muy espiritual, mayor que yo.

Ella y yo hablábamos sobre esos temas y yo coqueteaba con ciertas ideas. Cada día me interesaba más. Las meditaciones me evidenciaban que somos energía y hay algo más grande que lo humano. Fue extraño el proceso, ya que de pronto sentí un magnetismo que me llevaba para allá, como si algo me empujara literalmente, comunicándome que ese era el camino que me tocaba tomar.

Un día me encontré con un artículo que decía, "Diecisiete características de una persona espiritual". Me sorprendí al verme identificada con dieciséis de los puntos que enlistaba, y al día siguiente se le di a leer a Miguel, mi esposo, y él terminó igual de sorprendido que yo, ya que me describía tal cual.

No entendía nada, ¿cómo se dio? ¿Por qué?, ¿para qué?, ¿en qué momento? No sabía, pero lo que sí era un hecho es que yo conectaba con la espiritualidad y evidentemente tenía la seguridad de que existía una energía suprema. Por medio de la meditación contactaba con dicha energía, pero todavía necesitaba pasar por un proceso para conectar directamente con la fuente, y un día, por circunstancias del destino, me enteré de Alex, una persona que maneja la energía.

Él había curado al perrito de mi hija, que había estado mal de salud. Un día coincidí con él en casa de mi hija. Yo siempre he tenido problemas digestivos, así que le comenté, y sentados en el jardín de la casa me trató. No sé cómo explicar qué fue lo que hizo exactamente, pienso que me alineó los chacras. Lo que me pidió fue que repitiera mi nombre, e hizo rezos mientras pasaba sus manos por mi cuerpo sin tocarlo. Después de veinte minutos pasó algo increíble, sentí una luz enorme frente a mí, que podía visualizar con mi tercer ojo. Desde entonces me sentí conectada con la fuente directamente, es decir, ya no necesitaba meditar y hacer todos los pasos que me llevaba conectar anteriormente.

Me sentía feliz, llena de energía y de luz. En las mañanas despertaba con una luz que ahora percibía fácilmente a través del tercer ojo. Cuando me dormía me percataba de que esa luz estaba dentro de mí. Estaba llena de paz, mi percepción se fue afinando más y más y las meditaciones eran maravillosas, llegaba a grados de conexión muy profundos. Empecé a poder curarme con las manos: un dolor en los ojos, la cabeza, la garganta, etc.

Meses después de haber visto a Alex, me sucedió algo insólito; parece increíble, yo los sé, pero me sucedió. Una tarde estábamos comiendo Miguel y yo en nuestro departamento. Recuerdo que estaba muy concentrada en la sopa que comía y estábamos callados, cada uno en lo suyo. Había dos plantas frente a mí, una pata de elefante y un ficus, separadas una de la otra por unos cuantos metros. De la nada el lugar donde estaban las plantas se llenó de luz. Era una luz inmensa, viva, plateada, silenciosa y radiante, y yo estaba absorta en lo que estaba viendo. Las plantas no sólo estaban iluminadas, eran parte de esa luz, había en ellas una presencia amorosa que las atravesaba; era imposible saber dónde empezaba la luz y dónde terminaba cada planta. Eran una unidad de brillo.

Mi mente se detuvo, no había pensamientos. Entonces la pata de elefante se comunicó conmigo telepáticamente: "Ustedes los humanos creen que son únicos, especiales dentro de la tierra. No se dan cuenta de que todos dependemos de todos para sobrevivir. Nosotras las plantas, igual que otros seres vivos, somos esenciales para su supervivencia, somos una unidad".

Pasaron unos segundos, o eso creo, y desapareció. Quedó en mí una mezcla de sentimientos que me es difícil describir, una sensación de júbilo, exaltación y gran, gran asombro: estaba viendo lo invisible.

Lo que sí tengo muy claro es que fue un regalo de la vida, y lo agradezco con toda el alma. Lo primero que hice fue decirle a Miguel, "No me vas a creer lo que me acaba de pasar".

Fue un parteaguas en mi vida; es una marca que se queda conmigo para siempre, un antes y un después. Dejé de dudar que hay otras dimensiones, que lo invisible existe, que lo divino está vivo y la energía es el idioma más real que tenemos. No podía ni quería explicarlo con lógica. Mi mente estaba acostumbrada a buscar pruebas, pero ante tal evidencia, no necesitaba demostración. Sentía que esa experiencia era un testimonio de mi alma, para mi despertar espiritual y de consciencia.

Y seguí con la vida. A los meses se vino la pandemia y con ella los tiempos difíciles. Casi al final de los contagios, unos familiares muy cercanos se enfermaron, dos de ellos gravemente, pero gracias a Dios no pasó de un gran susto.

Uno de esos días volví a vivir otra experiencia insólita. Fui al mar sola, caminé un rato en la playa y decidí sentarme a meditar frente al mar. Estaba el sol precioso, de hecho, esa meditación la dediqué a él.

Para mí el sol no solo es una estrella, es una presencia ardiente, el fuego que abraza sin tocar. Es el aliento que da vida. Cuando me siento frente al mar dejo que el sol me atraviese; el sol es mi esencia, mi medicina, la magia que me muestra cómo brillar. Ese día en la meditación sentí la manera en que soy parte del sol. Fue una meditación hermosa, y cuando me di cuenta que ya iba a oscurecer decidí caminar hacia la salida de la playa. Cuando me paré me topé con una pareja de señores ¡y cuál fue mi sorpresa! Les vi las auras. Eran grandes. Era la primera vez que me pasaba. Me sorprendí muchísimo y ya dándoles la espalda voltee con ellos para corroborar lo que había percibido y, efectivamente, eran sus auras.

Enseguida empecé a observar a todo con quien me topaba. Era curioso porque a algunos los veía normales, tal cual, de carne, hueso y ropa, y de otros veía sólo su energía. Me reí de la emoción, me sentía como una niña chiquita que había descubierto algo nuevo y extraordinario.

Lo primero que hice fue llamar a mi hijo para contarle la experiencia. Tanto él como mi hija son seres espirituales, desde siempre y no por mí. Su abuela, mi mamá, fue su maestra desde niños, maestra sabia y llena de fe.

Por otro lado, ya desde hacía un tiempo podía sentir la energía de la gente, podía percibir su tristeza o el estado emocional en el que se encontraban. También sentía la energía de los lugares y empecé a sentir la necesidad de cuidar mucho la mía. Pasaron algunos meses y empecé a sentirme mal tanto física como emocionalmente. Experimenté miedos que nunca en mi vida había sentido, y con una intensidad enorme. También se apoderó de mí una ansiedad muy fuerte (obviamente ya antes había sentido ansiedad, pero nunca a esos niveles. No me caracterizaba por ser una persona ansiosa). Los traumas que según yo había trabajado en psicoanálisis los veía lejanos, pero regresaron. Empecé a tener problemas musculares que no eran parte de mis malestares "normales" y mis clásicos síntomas digestivos.

Lo que antes me interesaba en la vida empezó a perder sentido; las cosas que me motivaban, los lugares que disfrutaba y hasta las personas con las que solía convivir, dejaron de emocionarme. Me sentía extraña en el mundo, como si no perteneciera a él. Yo misma no me reconocía, como si la identidad que me había forjado y me acompañó a través de mi vida se resquebrajara grieta a grieta. Ciertamente la sensación de no encajar en la tierra la había vivido varias veces antes, pero en esta ocasión era diferente. Mis creencias y gustos cambiaron, me parecía habitar un mundo lleno de cosas absurdas: constaté con más fuerza el adoctrinamiento del que somos parte.

No entendía al mundo y no lo quería entender, era como si hubiera caído en un espacio intermedio donde no era aquella que fui, pero tampoco sabía quién iba a ser. Tenía el sentimiento de que todo el conocimiento que creía tener se había esfumado, no sabía nada de nada. Todo me pesaba, mi ego se estaba desintegrando, protestaba por el cambio de identidad que estaba viviendo. Era como si me arrancaran todo lo viejo con brusquedad, sin anestesia. Por otro lado, todos los sentidos se me agudizaron todavía más: si de por sí ya me consideraba PAS, ahora era PAS a la quinta potencia.

Fue una de las experiencias más difíciles de mi vida, no encontraba salida por ningún lugar. No entendía nada de lo que me estaba pasando y al poco tiempo decidí pedir ayuda.

Me abrí a conocer otros tipos de terapia; había estado en análisis por dieciséis años a través de mi vida, incluyendo el psicoanálisis didáctico, que fue parte de mi formación. Primero entré a una terapia cognitiva conductual, pero duré muy poco tiempo porque me di cuenta de que por ahí no iba. Como tenía problemas también con el cuerpo, investigué y entré a una terapia que se llama EMDR, muy interesante y cruda, pero a los meses me percaté que tampoco era una buena opción para mí. Después entré a una terapia somática, pero al igual que con las otras, no sentí ningún avance. Estuve a punto de entrar con una terapeuta holística, pero por circunstancias de la vida nunca pudimos coincidir.

Seguía desesperada, con un sufrimiento muy intenso, hasta que un día me cayó el veinte de que todo lo que estaba sintiendo estaba ligado a la espiritualidad. Había entrado a un nivel de oscuridad muy profundo y no había nadie quien me pudiera ayudar, la única que podía salir de eso era yo. Lo que me salvaba era la meditación, ahí me di cuenta de cómo los seres humanos tenemos una creatividad e imaginación impresionantes para crear nuevas formas de meditar. La música fue otra gran compañera.

Algo más que me sirvió mucho fue que la vida me abrió la oportunidad de estar cerca del mar. Estar rodeada de naturaleza siempre ha sido para mí como una bocanada de aire para el alma.

Obviamente buscaba información y me encontré con diferentes teorías, una era que había vivenciado la luz con tal intensidad que la oscuridad se había hecho presente; si hay una pérdida del equilibrio entre la luz y la oscuridad, entra la sombra, por la dualidad. Otra teoría con la que me identifiqué fue la de *La noche oscura del alma*. También leí sobre los síntomas de ascensión a la quinta dimensión, con los que de igual forma me identifiqué. Al parecer mi nivel de vibración energética era alto y mi cuerpo y mente no estaban preparados para sostenerlo. Tal vez lo que me sucedió fue un poco de todo, no lo sé. Lo que sé es que ahora tengo la capacidad de comprender que hay muchas cosas en la tierra que no entendemos los seres humanos.

Un día estaba sumamente agotada de dolor, y sentí la necesidad de buscar algo, un objeto. Buscando en mi buró de pura casualidad encontré dentro de una bolsita una clase de rosario miniatura con una cruz muy pequeña. No tengo ni idea de cómo llegó ahí. Lo limpié, cerré los ojos, lo tomé entre mis manos y me rendí (ya me había rendido varias veces). A los segundos sentí algo indescriptible, una presencia divina que me llenó toda de su amor: sentí a Dios dentro de mí. Estaba tan exhausta que me quedé dormida con el pequeño objeto en la mano.

Al día siguiente era otra. Llevaba dentro una paz inexplicable, como si mi estancia en el mundo tuviera un sentido mayor. Sentía el fuego en mi corazón, mi alma se había encendido, las manos de Dios me sostenían y me brindaban la certeza del bienestar. Algo muy profundo se había transformado en mí.

Unos meses después sucedió un evento que me emocionó de sobremanera: experimenté una sincronicidad que me impresionó. Estaba tranquilamente meditando en la tina del baño, acompañada de velitas y música, y de pronto mis guías me *dijeron*, "Carmen, ¿por qué no escribes sobre la experiencia de tu despertar espiritual?" No lo había pensado, pero salí de la tina convencida de que eso haría. A los días empecé a escribir este texto y a otros días de haber empezado a escribir recibí una invitación de la editorial para participar en un libro sobre despertar espiritual.

Así fue mi renacer. Aprendí que el despertar no solo es el deleite de la luz, sino la destrucción de lo viejo, la transición, la autenticidad del ser en su cima. Con el tiempo entendí que la sombra fue el matiz donde se gestó lo nuevo, el canal por donde entró lo divino. Aunque sigo caminando entre dimensiones, entre ondulaciones, y habitando la vida con otros ojos, hay algo que ya no se puede deshacer. Una vez que cae el velo y ves lo invisible, no hay manera de mirar atrás.

SOBRE LOS AUTORES

María Eugenia Camacho Rivero, originaria de la Ciudad de México, tiene una preparación académica en el área de comercio que la avala como secretaria ejecutiva en español. Ha colaborado profesionalmente en el ámbito alimenticio, textil y farmacéutico.

A través de su vida experimentó pérdidas desgarradores y sucesos inexplicables, los cuales la iniciaron en la profundidad del pensamiento cultural, personal y espiritual. Su despertar espiritual la ha llevado a desarrollar habilidades y facultades con su ser de luz, Viento Veloz la Séptima Luna, a través de rituales de luz que proporcionan orden, claridad, equilibrio, paz y armonía. En su Casa de Luz Arcángeles lleva su misión de vida como misionera a distintos recintos.

Lulú Corral nació en Guadalajara, Jalisco, un 11 de febrero de 1968. Es angelóloga y terapeuta holística desde hace más de veinte años. Es dueña de Casa Luna Mágica y autora de los libros *Carta natal angelical* y *Sanación angelical multidimensional*; también participó en la antología *Creciendo juntas*. Tiene estudios en astrología, numerología, registros akashicos, terapia floral, Thetahealing, Par biomagnético, barras de Access, Reiki, lectura de oráculos, radiestesia, feng shui y mancias. Imparte cursos y talleres presenciales y en línea.

Facebook: Lulú Corral o Casa Luna Mágica

Instagram: casa_luna_atelier o lulu.corral.7

Araceli Olmos es terapeuta en medicina alternativa en el campo de autoayuda. Tiene diez años de experiencia en desarrollo personal y su pasión es ayudar a otros a sanar física, mental, emocional y espiritualmente. Muchas personas, e incluso algunos animales, pueden atestiguar que gracias a sus técnicas han mejorado su salud.

Araceli sigue estudiando y preparándose con el objetivo de compartir sus conocimientos a través de libros y sesiones en consultorio. Es autora de *Yo tengo el poder de transformar mi vida.*

Rogelio A. Pérez nació en Tampico, Tamaulipas. Es egresado de la Facultad de Ingeniería Civil de la Universidad Autónoma de Tamaulipas y graduado del Seminario Teológico Bautista West Brownsville. Fue misionero junto a su esposa María Isabel en la República de Argentina en la ciudad de General Alvear, provincia de Mendoza en el año 2007, donde fungió como pastor misionero en la Primera Iglesia Bautista de General Alvear.

Ahora es pastor y fundador de la Iglesia Bautista Capernaum en el Olmito, Texas, donde a través de ministerios como Amor en Acción ha podido llevar alimentos a personas migrantes de diferentes nacionalidades en el Valle de Texas.

Cada profesional lleva una experiencia en tiempo que respalda su formación. En este caso, **Brayan Ruiz Millán** es un abogado de profesión que nunca ejerció su licenciatura por dedicarse de lleno a los mandatos de las divinidades espirituales que lo acompañan desde hace más de veinte años. Su objetivo es cumplir una misión espiritual de la mano de quien fuera su compañera de vida, quien hoy permanece a su lado de forma espiritual. Es conferencista, sanador, guía espiritual, terapeuta holístico, generador de cursos de luz, espiritista, clarividente, canalizador, y autor de *Casa de Luz Arcángeles: Una puerta al cielo* y *Conversando con los benditos arcángeles: Libro de luz para uso diario.*

La autora **Carmen Suárez** nació en Guadalajara, Jalisco, y reside en la Ciudad de México. Es mamá de dos hijos y estudió una licenciatura en psicología antes de formarse como psicoanalista. Tiene un diplomado en problemas alimenticios y otro en tanatología; realizó una maestría en humanismo y culturas.

Trabajó en la SEP, en el Centro de Apoyo Emocional, tratando problemáticas emocionales en niños. Desde que egresó de la formación psicoanalítica, su trabajo lo ha realizado en su consultorio particular. Es autora de *La agobiante carga de la culpa materna*, y un libro que explora el sentimiento de culpa que genera el deber ser cultural que el sistema patriarcal impone en las madres. También fue parte de las antologías *Creciendo juntas* y *Puertas entreabiertas*.

Síguenos en nuestras redes sociales:

HolaPublishingInternacional

Para saber más de
Hola Publishing Internacional visita

www.holapublishing.com

www.ingramcontent.com/pod-product-compliance
Lightning Source LLC
Chambersburg PA
CBHW052123090426
42741CB00009B/1922